MI VIEJO ROBLE, Septiembre 2020

Y un 10 de Septiembre de 2019, después de noventa años, el viejo roble finalmente cayo, sus hijos y esposa sembraron otro roble días después de su partida, lo sembraron en un lugar de la sabana, un sitio que él quería mucho y al cual habíamos acordado ir a unos meses después, para navidad.

Casi un año después de su partida, no dejo de pensar en él, lo extraño mucho. Lo siento cerca, lo siento lejos, creo haber recibido un par de señales, por ejemplo, en lugares silenciosos y sin ninguna posible alteración externa, algo se mueve o el chirrido de una puerta, el está ahí.

Háblame por favor, quiero hablar contigo, tengo varias preguntas, también necesito un par de consejos y además no me pude despedir. Dos semanas antes de tu viaje me dijiste que todo estaba bien, pero yo sabía que no era así, le diste prioridad a mi trabajo y mi tranquilidad, pero no debía ser así, estar a tu lado antes del viaje era uno de los propósitos en mi vida.   Ahora solo dependo de lo que mi hermano y mi madre me compartan acerca de como fue tu partida, pero no quiero molestar a nadie. Había guardado momentos y palabras para ti, pero llegue un día tarde. Discúlpame.

Por medio de este libro, mi primer libro, simplemente pretendo dejar un recuerdo de lo que conocí y aprendí de ti, por lo que viví y por tus relatos.

Los primeros años

Mi padre nació un 10 de Noviembre de 1928 en Ibagué, Departamento del Tolima en Colombia. Fue el cuarto de once hermanos y fue justo el a quien bautizaron como David, como su padre, como yo.   Jaime (QEPD), Jorge, Guillermo (QEPD), David, Nelly, Cecilia, Ernesto (QEPD), Álvaro, Isabel, María Helena y Jairo, así más o menos en ese orden, son los nombres de sus hermanos y hermanas, unos ya fallecidos.   El Presidente de Colombia era en ese entonces el conservador Miguel Abadía Méndez, el mismo que había firmado el diploma como Doctor en Leyes a mi abuelo David en 1915.

No conocí a mi abuelo, David Rincón Bonilla, pero siempre escuché cosas muy positivas de él.   Fue un abogado importante, conservador, tranquilo. Conocí muy bien a mi abuela, María Helena Pérez, señora de mucho carácter, pero suficientemente amable y dulce conmigo y madre.   Muchas veces criticaba a mi querido viejo por su mal genio, pero ella era así.

Un par de meses antes de su partida, le pregunte a

mi padre de donde había salido el apodo "Pety". El me dijo que cuando el tenía unos 4 años, él decía que iba a ser Presidente, por eso lo de "Pety". También le pregunté como se deletreaba ya que siempre tuve esa inquietud, pero el me lo aclaro. Recuerdo que aun hasta hace unos años, sus familiares o amigos lo llamaban así, Pety. Asocio ese apodo con los años 70 y 80, éramos todos más jóvenes y los problemas eran otros, pero teníamos todo por delante.

Mi padre siempre se refería a las mismas historias algunas de las cuales me quiero referir ahora, para que queden escritas y no se pierdan en el olvido. A veces sueño con viajar en el tiempo y hacer parte de esas aventuras, conocer a mi padre en su verdadera dimensión, sin duda todo un Huckleberry Finn o más.

Mariquita y los ingleses.

La influencia y presencia inglesa en el norte del Tolima es un libro aparte y Mariquita fue importante en este aspecto al albergar allí personas que estaban involucradas en el desarrollo de la infraestructura férrea y el cable entre Mariquita y

Manizales. Los ingleses habían participado activamente en desarrollo de gran parte de la infraestructura férrea del país y particularmente la del departamento del Tolima, y Mariquita fue en gran medida el epicentro de esta operación.

Mi abuelo David trabajo como abogado para los ingleses. Mi padre, calculo, tendría unos 5 o 6 años cuando vivió allí. Por el aprecio y respeto por mi abuelo, la familia vivía dentro de la zona delimitada del resto de la población por una barda, mi padre la llamaba el "apartheid", él contaba que era otro mundo. Los ingleses jugaban tenis, golf y futbol en bicicleta, algunos completamente ebrios por alguna celebración. Esto marco a mi padre para siempre pues nunca paraba de repetir historias, nombres remotos y seguramente influyeron en su fuerte auto estima. En algún momento, mi padre me menciono el numero de la casa donde vivían, lamentablemente nunca tuve la suerte de visitar Mariquita con él, pero lo hare algún día por mi cuenta o con mi familia, simplemente para recordar.

Las frutas pueden alimentar al mundo

A mi papa le escuche una teoría y era que las frutas

podían alimentar al mundo. Estoy seguro de que esa teoría nació en Mariquita, que es famosa por la cantidad y variedad de frutas que se producen allí. Seguro que también tuvo que ver el Llano con esto. La teoría es que en el mundo se producen muchas frutas, de forma silvestre, que se pierden, mientras que la mitad de la población se muere de hambre. Mi papa siempre hablaba de sembrar frutales, le encantaba la idea. Decía que la única fruta que no comía era la curuba, pues le causaba mareo. Te encantaba el mamoncillo, la guayaba y el banano.

Las armas, la caza y la aventura, fueron pasiones inculcadas por mi padre y recuerdo la historia de un fusil Grass, usado en la Guerra de los Mil Días, incrustado en alguna de las paredes de la casa donde vivieron en Mariquita. Era una historia sensacional para mí y sonaba con algún día desenterrar ese gran tesoro. Algún día.

San Luis, Tolima

A unos 30 kilómetro de Ibagué hay un pueblo llamado San Luis, donde mi abuelo tenía una finca. Recuerdo que mi padre siempre mencionaba esta finca y las largas horas por caminos en mal estado que tomaba llegar allí desde cualquier lado. Eran muchas las historias, pero recuerdo una en particular que fue cuando mi papa se voló de su casa y se fue por su cuenta hasta esta finca. Allí permaneció enfermo de malaria o fiebre amarilla, no recuerdo, al punto que no podía moverse y casi se muere de hambre hasta que un familiar lo rescato. Este último relato, lo narro mi padre unos meses antes de morir, pero en esta ocasión fue diferente, lo hizo con otro tono diferente a los cientos de relatos mi papa contaba. Pude sentir en sus palabras, el sufrimiento y la soledad, algo que el nunca mostraba.

Quisiera algún día visitar San Luis, porque no tratar de indagar sobre la finca y ojalá ver algo de lo que quedo, si algo quedo. Muchas de las historias que contaba y que repetía, las volvería a escuchar con más pasión e interés.

Mi papa hablaba mucho de sus primeros años en el colegio, supongo lo que sería hoy en día los últimos anos de la etapa primaria. Existió una comunidad llamaba Hermanos Maristas, que llegaron al Tolima Grande en la última década del siglo 19, establecieron varios colegios o entraron a administrar otros ya existentes, lo cierto es que mi padre se refería a su colegio como los 'Hermanos Maristas". La empatía era ninguna, el espíritu rebelde, poco creyente y aventurero de mi padre iban en contravía de los intereses de sus educadores. Relataba el, que más de una vez había sido expulsado del colegio, pero al ir a explicar lo que había pasado a sus padres, era dirigido al arzobispo de Ibagué, que era familiar y conseguía ser aceptado de nuevo en el colegio el día siguiente.

La educación era extremadamente rígida y muy religiosa en ese momento, lo sigue siendo, lo que generaba antipatía por las mentes rebeldes y libres como la de mi papa. Recuerdo una historia en particular: él decía que un día cualquiera en la formación, diviso un objeto volador no identificado y lo señala, grita y les recalca a sus profesores lo que estaba pasando, ellos lo niegan asegurando que los objetos voladores no identificados no existen, mientras que mi padre lo seguía señalando con su mano. No fue el único que vio. En una de sus huidas por el campo, el recordaba claramente una luz inexplicable sobre un rio en una noche. Lo que pudiera ocurrir fuera de este mundo le llamo mucho la atención, leía libros del tema y siempre se cuestionaba la perfección con que antiguas civilizaciones habían construido obras importantes; los egipcios, incas, pero en forma especial los mayas y aztecas, sobre los cuales tenía una especial admiración.

El llano

Me querido padre tuvo toda su vida una fascinacion por los llanos orientales de Colombia y con justa razon, es una de las regiones mas hermosas y misteriosas, marcando por siempre su vida. Me relato que a sus 7 años, estamos hablando del año 1935 !, viajo por sus propios medios hasta los llanos, me dijo que simplemente se había subido a un camión, llevando una carabina calibre 22. Sobre que hizo allá, o cuando duro, nunca lo dijo y nunca le pregunte, cosa que lamento en este momento.

Como dije, los llanos orientales de Colombia siempre estuvieron en el alma de mi padre. Mi papa era cazador, pero cazador de los buenos, los que cazan para comer. El detestaba que la gente les disparara a los animales simplemente para matarlos. En alguna oportunidad, obligo literalmente a unos de sus amigos a comerse un ave no comestible que había matado con una escopeta. En otra ocasión, destruyo la escopeta de otro "cazador" que había hecho algo indebido, clavando las bocas de los cañones en el barro y disparándola posteriormente. Nunca le gusto la pesca, pero muchos de sus amigos eran pescadores y compartía con ellos los viajes y los momentos especiales. El llano y su embrujo marcarían para siempre la vida de mi papa. Cuando estaba contento, siempre colocaba música llanera con un volumen más alto de lo usual.

Adolescencia y juventud

Tal vez son los aspectos que menos conocí de mi padre, nunca le pregunté por esa época. Yo era tímido y me daba miedo descubrir alguna faceta desconocida suya. Mi papa nunca lo confirmo, pero tengo entendido que fue un personaje muy especial y popular en sus años mozos en Ibagué. Mi papa me dijo, aunque nunca lo pude confirmar, que él había participado en la fundación de clubes importantes como el Circulo y el Club Campestre. Alguna vez estando en el Campestre, me fije en una placa de sus fundadores y el nombre de mi padre no aparecía. No importa, para mí él había participado en la fundación de esos clubes importantes y mucho más.

Varias personas me comentaron que no había fiesta en Ibagué sin mi papa, presumo años 50 y 60, ya que mi papa se casó con mi madre en Bogotá en el ano de 1964 y luego de eso, no creo que estuvieran para tanto. Durante mi vida conocí gente de Ibagué y les preguntaba si conocían a David Rincón Pérez y muchos lo conocían, era muy popular y buen amigo y de eso no me queda la menor duda. Vivir tantos años hace que la vida tenga muchos ciclos y tal vez por eso sus últimas décadas de vida pasaron más calladas y desapercibidas por los demás.

Supe que, por 7 años, una venta de muebles le había dado para vivir, esto lo escuche de mi hermano Mauricio, pero nunca me preocupe por preguntarle a él. Me queda evidencia que hacia el ano de 1953 viajo los Estados Unidos a estudiar inglés y considerar estudiar ingeniería en Luisiana

State University, en Baton Rouge. De hecho, me regalo un diploma con su nombre, que es igual al mío, David Rincón Pérez, aun lo tengo, es del año 1954 y cuando me lo regalo me dijo que me serviría. Si papa, aun lo guardo y si me sirve mucho.

Su paso por Estados Unidos lo marco mucho por muchas razones, su libertad, un nuevo ambiente, era además amigo de muchas personas que estudiaban en universidades prestantes como MIT y Princeton y que luego tuvieron papeles destacados en la sociedad y economía colombiana. Me conto que cuando llego a las residencias de LSU, tuvo un compañero de cuarto a un gringo bien racista, que con una tiza marco en el piso la mitad de la habitación y le pidió a mi papa que no se pasara de la raya. Me conto de los grandes asados de langosta enterrada en la arena en las playas de Maine. No sé exactamente cuánto permaneció en Estados Unidos.

David conquista a Gloria

Calculo que en el año 1963 mi papa y mi mama se conocieron en Ibagué. Cuenta mi madre, que ella trabajaba para la Gobernación del Tolima y era secretaria de mi abuelo paterno David. Aparentemente mi madre estaba ennoviada o comprometida con alguien, pero fue tanta su perseverancia de que finalmente cayo en sus redes. La relación entre mi papa y mi mama amerita otro libro entero. Se casaron en 1964 y literalmente, hasta que la muerte de mi padre los separo en 2019, es decir 55 años de casados, con altos y bajos, como todo en la vida. No estuve presente en el lecho de muerte de mi querido padre, algo que me pesara toda mi vida, pero mi mama me dijo que el día antes de morir, el la agarro con fuerza y le dijo: "no la dejare sola, la quiero mucho !". Estas fueron casi sus últimas palabras. Eso me conmovió muchísimo y me dolió no haber estado por ahí cerca.

Yo nací en Armero, Tolima en 1965. Para ese entonces mi papa trabajaba en una firma y allí conoció al que fue mi padrino de bautismo, Mauricio Ortiz, que a la postre se convirtió en su eterno amigo. De aquellos años y de la vida de mis padres no tengo recuerdos, excepto uno, un sueño en el que una avalancha inundaba al pueblo. Mi papa repetía la historia de los siete nicuros fritos que había comido en algún restaurante de camino en La Dorada.

Mi padre, madre y yo nos trasladamos desde el Tolima hacia Bogotá en 1967 y fuimos a vivir a una finca a las afueras de Bogotá, lo que sería hoy más o menos la calle 190 cerca de la autopista norte. Allí conviví con perros, gatos, vacas y otros niños campesinos, como yo. Mi papa trabaja para una empresa llamada Agrícola Salazar. Guardo escasos recuerdos de ese lugar, pero hay uno que recuerdo. Era el de una casa construida a principios de siglo XX, abandonada, a la cual iba por mi cuenta o con otros niños. Al día de hoy recuerdo el segundo piso en madera y sus detalles de casa abandonada con fantasmas y todo. Cuando les preguntaba a mis padres por esa casa, ni lo recordaban. Algo que siempre recordaron, fue el incidente con los gatos. Jugando a las escondidas con los gatos, metí a siete en una nevera Coleman grande, color rojo o verde y la cerré para que no me siguieran. Días después, comiendo con mis padres, se extrañaron que no habían visto a los gatos desde hace días. En ese momento recordé que los había dejado guardados. Que mi hermana Natalia, amante de los gatos, me perdone.

Vida en Bogotá

De Agrícola Salazar nos fuimos a vivir a Bogotá, prácticamente al centro.   Mis padres, con bastante esfuerzo, compraron un apartamento en la Unidad Residencial Colseguros, era el apartamento 503 en la torre 2.   Yo recuerdo el día que llegamos a ese apartamento en por allá en 1968.   Era un día azul, claro, precioso, algo inusual en Bogotá, tengo esa imagen en mi mente.   Justo al frente, se encontraba la Cervecería Andina, que comenzó su operación en 1950, y después de muchos ires y venires, cerro su operación en 1999.   Mi padre siempre referenciaba al lugar donde vivíamos con la frase "frente a Andina!"

Pety había pasado a trabajar a una empresa llamada Colcaribe, él se dedicaba a ventas de maquinaria de agrícola y de construcción. Creo que fueron años en que el disfruto mucho, ya que, hasta un par de años antes de su partida, él hablaba de su trabajo en esta empresa.   En el año 1969, gracias el empuje de mi madre, lograron conseguirme un cupo en un colegio bastaste exclusivo. Debido a que la mayoría de los estudiantes allí, eran de estratos altos y buenos recursos económicos, la ruta de bus más cercana me dejaba bastante lejos del apartamento. Mi papa trato de convencer al colegio que alargara la ruta, o de permitir que me dejara en su oficina, pero nunca fue posible. Todos los días, por los siguientes 10 años, la llevada y recogida del paradero se convirtió en una odisea para toda la familia.

Mi padre no era muy social en Colseguros, si bien recuerdo que tenía buenos amigos, también discutía mucho con las personas que se atrevían a hacer ruido y alterar el orden. Había una familia vecina de apellido Congote, los padres eran relativamente jóvenes, pero tenían como 7 hijos, algunos de ellos mis amigos, pero eran muy desordenados y extremadamente bullosos.

Guardo muchos recuerdos de ese lugar, de donde salimos en el año 1978. Allí nacieron mis hermanos Mauricio y Natalia, allí hice mis primeros amigos, aprendí a montar en bicicleta, mi primer perro, entre otras muchas cosas, siempre bajo las alas de mis padres y mi querida abuela Vitalina, que siempre nos acompañó y nos ayudó a criar. Mi abuela Vitalina se reserva un capítulo aparte en mi vida y en la de mis queridos hermanos.

Barranquilla

Hacia el ano de 1973, Pety consiguió un trabajo en una empresa en Barranquilla y se trasladó para allá. La idea es que toda la familia se trasladara para allá cuando mi papa estuviera establecido. Mis hermanos estaban pequeños. Mauricio, había nacido en 1972 y Natalia un año después. Yo ya tenía 8 años. Recuerdo mucho 1973 por que fue el ano en que hice mi primera comunión, algo trascendental para un estudiante de colegio católico. Mi mama me llevaba cada semana a una fiesta de primera comunión diferente, unas bastante pomposas y otras mas sencillas. El colegio donde estudiaba entonces era el Colegio San Carlos, bastante elitista para la época y siendo nosotros una familia bastante holgada en cuanto a lo económico, pues yo sentía bastante la presión de vivir con tantas limitaciones. En el colegio, no faltaba el matoneo, la humillación de uno que otro idiota, pero yo lograba sobrellevar gracias a otras cosas. Mis padres me dieron la fortaleza para sobrellevar esos años difíciles y salir adelante. Mi papa siempre dijo que uno nunca puede perder el honor, algo que no entendía tan bien en ese momento como ahora.

En el año 1974 mi padre decidió renunciar y regresar a Bogotá y recuerdo escucharlo decir a sus amigos de confianza que la razón por la cual había regresado era por esa cultura tan diferente en la costa, muy orientada a la parranda y el licor, y eso que mi papa se tomaba sus tragos. Ese 1974 lo recuerdo también por ser año de elecciones y mundial de futbol. Alfonso López derroto a Álvaro Gómez y Alemania quedo campeona del mundo. Recuerdo mucho ver el partido entre Alemania Democrática y Alemania Federal, eso fue un 22 de Junio y gano la Democrática por un gol, cuando todos daban por ganadora a la Federal y en cuanto a lo político, mi papa siempre fue hincha de Álvaro Gómez y por supuesto yo también, aun sin tener noción ni idea de sus ideas políticas. Mi papa decía en ese momento, que él era "a-político" y que nunca votaría, pero si lo hiciera, por el único que lo haría seria por Álvaro Gómez Hurtado porque era el único político en Colombia que tenía las cosas claras. Era el acuerdo sobre lo fundamental. Mi papa no voto en el 1974, tampoco en 1986 o en 1990 cuando Álvaro Gómez fue candidato presidencial. Hoy día 46 años después, yo creo que mi papa estaba en lo correcto y ya es un poco tarde para el país. Que frustración.

La Galería de Tiro Bogotá

Creo que fue en 1975, mi papa decidió lanzarse a un negocio. Se trataba de la "Galería de Tiro", un lugar donde la gente podía disparar armas de aire comprimido. Se usaban carabinas marca 'Crossman" con balines de cobre. Las carabinas y los balines, los traía de Estados Unidos Jairo, el hermano menor de mi papa, que era auxiliar de vuelo de Avianca. Era toda una novedad ese negocio y se la pasaba lleno de jóvenes interesados en el tema. Cuando podía, yo trabajaba allí y mi papa me pagaba unos pesos. Cambiaba los blancos que estaban llenos de huevos, hacia una y otra cosa. Recuerdo que un día llego al lugar Helmut Bellingrodt, quien le había dado a Colombia su primera medalla olímpica en Múnich 1972. Hizo tres disparos que fueron dianas. La Galería de Tiro estaba ubicada en la Carrera 15 con 93 A, luego que el negocio cerrara, lo tomo la sastrería Casa López, que estuvo ahí por décadas, sin cambiar las rejas circulares en forma de blanco que mi papa había mandado a instalar.   Nunca supe porque cerro el negocio, pero tal vez en alguna oportunidad mi papa comento que el hecho de haber ampliado el negocio a billar había sido una de las causas.   Yo no entendía ni me importaba, pero con los años me di cuenta de que las habilidades de mi querido padre no estaban propiamente en la planeación y en la eficiente administración de un negocio. Su habilidad estaba en soñar, inventar cosas y ver la vida de forma sencilla.

El llano fue su fascinación toda la vida, pero nunca tuvo una finca o nada por el estilo por esos lados. Yo herede la misma fascinación por esa hermosa región de Colombia. El trabajo de mi padre, como vendedor de maquinaria, genero muchas amistades, algunas de ellas vinculadas a los llanos orientales, por tal razón, era frecuente ir al llano a alguna finca por invitación de sus dueños.   Fueron años increíbles para mi papa y para mí, siempre lo veíamos como una nueva aventura.   Muchos recuerdos explorando la sabana, con mi papa al volante de su campero Nissan Patrol. Las inundaciones en Junio y Julio que dejaban algunas regiones aisladas del centro del país, los derrumbes, entre otras complicaciones. Pero nada como estar en la lejana del llano. Mi mama evitaba viajar por esos lados, por su sensibilidad a los bichos y otros temores. Mas o menos en el año 1975, mi querido padre consiguió un trabajo en el área de servicio en un concesionario Dodge en Villavicencio. Mi madre, hermanos pequeños y yo permanecimos en Bogotá, pero esta vez, la intención no era la de trasladarnos a esa ciudad, que, por su cercanía a Bogotá, permitía moverse entre las dos ciudades los fines de semana. Me daba mucho guayabo despedirme de mi viejo un Domingo en la tarde o un Lunes a las 4 de la madrugada, cuando él tomaba rumbo a su sitio de trabajo. Mi mama le hacía unos desayunos increíbles, con carne asada y todo, para tener energía para el viaje. En la época de vacaciones yo acompañaba a mi padre y cuando él se iba a trabajar, me quedaba solo en un pequeño garaje en arriendo, con mi bicicleta y mi carabina de aire. Yo salía en mi bicicleta a explorar, a matar pajaritos en los potreros cercanos, o me quedaba leyendo libros, revistas o catálogos de armas, soñando con tener un arma de fuego de verdad algún día.

Un buen día, mi papa decidió retirarse de la empresa en Villavicencio y volver a Bogotá, eso me genero mucha felicidad, otra vez todos juntos. Para bien o para mal, mi papa no duraba mucho en los trabajos y estoy seguro, el extrañaba tanto a su familia como nosotros lo extrañábamos a él. Así, con su forma de ser dura, fuerte, osca, pero así lo queríamos y así nos hacía falta. Fue muy bueno tenerlo de regreso.

En su baúl, traía un par de carabinas y rifles Winchester, que es se dedicaba a buscar de finca en finca en los llanos, era su afición, las armas viejas. Hablábamos mucho de eso y revisábamos libros de armas para entender mejor que se había obtenido en la colección.

Movernos hacia el norte

Mi papa consiguió un trabajo como vendedor en una empresa que era la representante de la maquinaria de corte de pasto Toro, una marca americana muy conocida mundialmente. El dueño era un señor de edad de nombre Ramon, muy correcto el señor. La oficina quedaba por los lados de la calle 90 debajo de la carrera 11 en Bogotá, era una casa grande, de esas que ya no quedan, pues todas las tumbaron y las convirtieron en edificios. Cuando podía, acompañaba a mi padre a visitas con clientes, a demostraciones de sus cortadoras, etc.   Una vez me llevo a una demostración al estadio el Campin de Bogotá y como yo era fanático del futbol fue algo increíble poder estar en la gramilla del estadio, pararme en el punto penal y medir personalmente los 11 pasos hasta el marco.

Recuerdo mucho el año 1978 por el mundial de futbol de Argentina, haber logrado pasar el primer año de bachillerato en el colegio, pero tal vez lo más importante, mi primer trabajo formal, en una feria internacional de Bogotá, en el Pabellón de los Estados Unidos, al lado de mi papa, ayudando en lo que podía.   Mi papa me había dicho que el sueldo era de 3,000 pesos, pero resulto que la empresa me pagaba solo 2,000 pesos y el colocaba el resto, él me estaba subsidiando.   Mi papa había convencido a Ramon de permitirme trabajar.

Otro gran suceso ese 1978:   nuestra familia decidió mudarse al norte. Varios primos, amigos, vivían en el norte de la ciudad.   En el colegio, me matoneaban por que vivía al sur.   Una vez hasta llore porque en el colegio, el matoncillo de siempre, me decía que vivía cerca a "Arena Bogotá ", donde hacían lucha libre.   Los recursos económicos eran bastante limitados, pero ante tanta presión, se lanzaron a separar una casa, esta vez, bien al norte de Bogotá, en la calle 153 en el costado oriental de la autopista norte.   Mi papa decía, que yo había pasado de ser el alumno del colegio que vivía más al sur, para ser ahora el que vivía más a norte y era cierto.   Por allá en Agosto de ese año, mis papas lograron cerrar in negocio para la venta del apartamento, pero ese dinero apenas alcanzaba para una parte de la nueva casa.

Había presionado también mucho a mi papa para que compráramos un TV a color; los partidos del mundial del 78 fueron transmitidos a color y eso cra algo increíble para mí, mi papa y para muchos que crecimos viendo TV en blanco y negro, es fue un cambio gigantesco.   Muchas familias con recursos tenían su TV a color y hasta un Betamax. Mi papa soñaba con uno, habíamos acordado que, si se vendía el apartamento, íbamos a comprar un televisor a color, pero esto no se pudo hacer.   Ya mi papa tenía otra idea en mente.

Como la casa nueva cero kilómetros la entregarían solamente a finales del 78 o comienzos del 79, mis padres decidieron arrendar una casa en la calle 148. El día que nos fuimos de Colseguros, sentí mucha alegría por ir a vivir al norte, pero estoy seguro de que mis papas sentían algo diferente.   Hoy en día, esos muy vagos recuerdos me generan sentimientos encontrados.

Los carros

Fue algo que nos unió .   Mi papa nunca fue fanático de los carros, pero tuvo sus preferencias. Por allá en los ochentas alguna vez me dijo que su carro favorito de todos los tiempos era el Mercedes Benz 250 C (coupé), tenía fascinación por los coupés, tal vez la asociación con su buena vida pasada. Los camperos le encantaban y tuvo unos buenos cameros Nissan Patrol último modelo cuando trabajo en Colcaribe.   Uno de esos fue color gris y cada vez que pasábamos por Tolemaida en una de tantas idas venidas a Ibagué, los soldados le hacían el saludo militar.   Le encantaban las camionetas, en particular recuerdo una Renault 12 Break azul por allá a finales de los 70s. La quería tanto, que la encadenada a un pesado repuesto de maquinaria para que no se la llevaran del parqueadero. A mí me encantaba hacerme en la parte de atrás y soñar con largos recorridos. Por supuesto como buena familia colombiana, nunca falto toda la gama de Renault, el 4, 6, 9 y 12. Nunca tuvimos un 18.

Mi papa era experto en pedir prestados carros, a sus hermanos o amigos de mucha confianza. Tuvimos prestada una van de los años 60, cheverisima. Un Simca que nos dejó botados bajando a Melgar, un Ford Mustang que también casi nos daña un 24 de Diciembre, en fin. Solo hasta que mi papa se recuperó económicamente por allá en el año 1986, él pudo darse el gusto de tener un carrito modesto, pero mejor que no nos dejara botados. También recuerdo cuando a punta de laca aerosol en lata quería cambiar el acabado de un Renault 6 blanco en el año 1987. Todos los rines de los Renault eran pintados con gris metalizado para que parecieran nuevos, el exhosto de los R- 4 con corte en diagonal para una mejor salida de los gases de escape y la puntilla oculta atravesada en el tubo de cambios también en el R-4, como seguro.   Eso sí, el plan de cada fin de semana era lavar y polichar el carro, si es que no había que hacerle mecánica. Le tenía una pereza extrema a la enrollada de la manguera, era toda una odisea lograr que esas mangueras no quedaran como un acordeón.   Mi padre no tenía ningún problema en pasarse todo un Domingo debajo de un carro. Daría lo que fuera por repetir cualquier Domingo de esos.

La entrega de la casa nueva

Estando en arriendo en la calle 148, barrio Las Margaritas, mis padres dieron cuenta que las cuotas de que la deuda de la casa nueva iba a ser inmanejable.   Recuerdo sentir esa frustración en ellos.   Que injusticia, toda la vida trabajando para tener una casa propia y los modestos intereses de los bancos de la época destruían y todavía destruyen los sueños de muchos colombianos.

Al final nos mudamos a la casa nueva y fue una experiencia increíble.   Era un sector remoto, pero sin los problemas de hoy, que vivir allá fue toda una aventura.   Alla conocimos vecinos e hicimos amigos y la casita se convirtió en el centro de innumerables encuentros familiares y sociales. Innumerables. Siempre con mis papas como buenos anfitriones, alrededor de la mejor comida que alguien pueda pretender. Uno de los trabajos que quedaban era el de limpiar dos o tres ceniceros.

En el año 1980 mi papa con gran esfuerzo compro un televisor y un Betamax, también compro metros y metros de cable coaxial. Era una inversión importante es esos años. Su proyecto era el de vender la transmisión de películas a los vecinos y así recuperar la inversión. Resulto que todos los vecinos, con mayor holgura económica que mis padres compraron su propio Betamax, razón por la cual el proyecto de mi papa fracaso.

El Zarzo

La nueva casa tenía un zarzo que mi padre convirtió en su oficina, guarida, centro de operaciones por casi 40 años. Siempre, cuando alguien lo buscaba, mi mama decía, " David está en el zarzo". Era un lugar sagrado para él y para mí. Alla tenía sus herramientas, sus instrumentos de corte, pulido y otras actividades. El hacía toda clase de experimentos. Alla tenía la más grande colección de elementos de ferretería, puntillas, tornillos, llaves, cables eléctricos, repuestos de todo tipo recogidos por décadas. Mi papa se encargó de modificar el sistema de agua de la casa para permitir tener más espacio. También se cambiaron las tejas originales de la casa por algunas tejas transparentes que permitieran tener luz natural.

El zarzo se convirtió también en mi deposito. Durante dos décadas estuve dedicado al aeromodelismo, entonces mi papa me permitió colocar tablas planas a manera de mesa de trabajo para la construcción de aeromodelos. Compartíamos la herramienta y todo lo demás. Recuerdo con especial cariño las navidades de los años 1980, 1981. Esos 24 de Diciembre, yo trabajaba en algún proyecto nuevo en el zarzo, esperando con ansiedad la medianoche, mi mama allá en la cocina preparando algunas de sus especialidades como el pavo y mi padre escuchando su emisora favorita, Melodía Estéreo. Nunca olvidare esos años.

El acceso al zarzo era a través de una escalera portátil en la ducha de la habitación principal de la casa, era la habitación de mis padres. Mucho tiempo después, mi papa instalo peldaños empotrados a la pared de la ducha para acceder al zarzo.   La agilidad con que mi padre subía y bajaba del zarzo fue diluyéndose con el tiempo.   A final, mi querido padre instalo otro "taller", esta vez a lado de la cocina en el primer piso y eso trajo otro tipo de inconvenientes derivados del ruido y olores. Las peleas con mi madre eran constantes.

Los 80

Mi papa era un personaje y trataba de hacer unos negocios raros, creo que pocos le funcionaron realmente, pero tenía fe en ellos.   Tal vez esa fue una de las razones por las cuales yo adopte un estilo de vida totalmente opuesto, muy conservador, donde el riesgo era mínimo.   Es aburrido, lo sé. En 1979 o comienzos de 1980 a mi papa se le metió en la cabeza que comprar sombreros en Suaza, Huila y venderlos no recuerdo donde y que quien, eran una oportunidad. Yo siempre lo acompañaba a todos los viajes que el hacía en estos propósitos, me encantaba estar con él.   Un sábado en la madrugada salimos en el Renault, R6, si mal no recuerdo, nos llovió todo el camino. Mi papa me había contado de la famosa carne nitrada del Huila y efectivamente la buscamos y la encontrado en alguno de los pueblos a lado de la carretera. Seguía lloviendo. El plan era quedarnos a pasar la noche en algún lugar de regreso y continuar al día siguiente a Bogotá. Llegamos en la tarde a Suaza y mi papa comenzó a preguntar donde fabricaban los sombreros. Dimos con un artesano que nos mostró como los fabricaba y el mazo y el molde en madera de cien años de antigüedad. Al final, el precio de los sombreros era más alto que el precio de venta que mi papa esperaba ofrecer. Tomamos camino de regreso, avanzábamos y avanzábamos y al final casi a la media noche acordamos con mi papa seguir hasta Bogotá, llegando en la madrugada. Seguía lloviendo.

Los 80 marcaron una época importante en la vida de nuestra familia. Mi papa no tenía ingresos muy estables y mi mama se había echado al hombro gran parte de las cuentas de la casa. Aun así, en la Navidad de 1980 hicimos como familia el primer viaje a Estados Unidos. No voy a decir que todo fue color de rosa, pues en gran parte yo era un idiota irresponsable, que en vez de pensar en la unión de la familia y en resolver problemas, generaba más. Mis hermanos eran pequeños, Mauricio tenía 8 y Natalia 7, eran tranquilos, yo me encargaba de molestarlos y no dejarlos en paz, algo que nunca debí hacer, por el contrario. Quisiera regresar el tiempo y hacer mejor las cosas mejor, sobre todo frente a mis padres y mis hermanos.

Mi papa hizo todo lo posible para darnos todo, en la medida de su capacidad. El 24 de Diciembre, mi papa nos llevó a un restaurante colombiano en Miami, el nombre era Monserrate. De ahí en adelante, nunca paraba de decir que la mejor sobrebarriga del mundo se la había comido allí. No se ahorraba en comida, entradas a las atracciones, se arrendo un Chevette amarillo en el que viajábamos por todos lados. Antes de llegar a uno de los peajes del Turnpike, mi papa abrió la ventana del carro y dejo volar un tiquete de peaje que nos generó un problema y nos habían advertido que no lo perdiéramos.

En el año 1981 tuve un tropiezo escolar, perdí cuarto de bachillerato, algo que decepciono profundamente a mis padres, especialmente a mi papa y aunque el hizo todo lo posible para que me permitieran repetir en el mismo colegio, mis antecedentes y apatía, no ayudaron. Mis papas me dejaron por mi cuenta, nunca sentí que me presionaban. Ellos sabían que yo debía aprender por mi cuenta a ponerme las pilas para salir adelante y así lo hice.

Mi papa siempre fue "cacharrero", es decir arreglaba de todo ya fuera mecánico, eléctrico o electrónico y nunca tenía pereza para hacer nada. Por allá en 1981, se asoció con un ingeniero electrónico y montaron un negocio para el arreglo de aparatos eléctricos. El local está en la calle 97 con 10. Muchas veces veía a mi papa echándole cabeza o consultando como arreglar uno u otro problema, nunca se daba por vencido y aplicaba siempre el sentido común. Muchas veces, también veía llegar clientes no satisfechos con sus arreglos y me daba pena. Yo le ayudaba, claro el me pagaba, pero yo no le daba importancia a entender la situación, a entender a parte técnica de las cosas. Mi mente divagaba más por los aires en cosas irrelevantes. Debí haberme hecho mejor amigo de mi padre, ayudarle en su trabajo, ayudarle en el manejo de su negocio, no sentir pena por una queja o un problema, eso me lo enseño mi papa, con su ejemplo.

Mi papa se retiró de ese negocio después de unos meses y yo lo estuve acompañado a buscar un local en la zona norte, pero nada resultaba, hasta que se encontró un buen local en la Calle 99 con 11, muy cerca del anterior.   Ya era su propio negocio y yo le ayudaba los fines de semana.   Recuerdo cuando orgulloso, había mandado a hacer un aviso metálico ofreciendo sus servicios, lo coloco sobre la acera entramos al local y al volver a salir segundos después, ya se lo habían llevado.   No supimos si se lo había robado, o había sido el servicio de aseo del Distrito quien se lo había llevado. Igual.   Ese día vi a mi papa desilusionado por la pérdida de su aviso.

Contrato a tres jóvenes que eran técnicos electrónicos y recién habían terminado de prestar su servicio militar.   Dos de ellos muy profesionales y serios, otro más zángano.   Mi papa les había ofrecido almuerzo como parte del arreglo, lo que pasaba es que los almuerzos con mi papa eran casi siempre sándwiches de atún, y los técnicos estaban bien acostumbrados a su corrientazo diario, se quejaban.   En el ano de 1982 el negocio cerro, tal vez el arriendo del local en esa zona era más alto que lo que mi papa podía generar en ingresos.

Luego de dos intentos, mi papa hizo un tercer intento, esta vez utilizando el garaje de la casa de su hermana Cecilia, en la calle 137 con 18. Era una casa grande, donde nos habíamos acostumbrado a ir a visitar a la familia. Coincidió con las vacaciones largas de colegio, por lo que pude trabajar medio tiempo con mi papa. Yo ya tenía un cargo formal, era mensajero, es decir hacía de todo. Mi papa necesitaba desmagnetizar una pantalla de un TV y me mandaba con la pantalla en un maletín al sur de Bogotá y así por el estilo. La cosa tampoco funciono muy bien. Al poco tiempo, mi papa y su hermana permanencia en peleas constantes al punto que alguna vez se lanzaron puños y todo. Yo simplemente observaba y no tomaba parte, pero era claro que debía al menos haber confortado a mi padre, haber tomado posición.
La aviación.

Por esos años, yo tenía una afición muy grande al aeromodelismo. Esa afición había surgido desde que era muy pequeño, pero tratando de identificar el verdadero origen, no encuentro la razón, lo que me hace pensar que venía en la sangre. Mi papa nunca fue aeromodelista, pero siempre le llamo la atención, pero decía que los aeromodelistas les ponían mucho misterio a las cosas y se fijaban mucho en los detalles. Ese era el, él no se fijaba en el detalle, se fijaba en la película completa, en el momento, con pocos sentimentalismo o fatalismo. Como lo decía un buen amigo, es de la generación que estaba acostumbrada a ponerle el pecho a las balas.

Mi papa fue piloto empírico, no me consta, pero es repetía las mismas historias siempre. Por allá en los años 50, el y un grupo de amigos, adquirieron un Piper PA 18 en la Dorada, Caldas. Hasta me dijo el precio que habían pagado por ese avión. Nunca estudiaron para ser pilotos y aprendieron como pudieron y no se mataron en el intento. La reglamentación y burocracia de hoy en día, no existía en esos años. Creo que gran parte de lo que me dijo era realidad, aunque unos relatos eran exagerados. Una vez, observando un avión similar a escala, me decía con toda propiedad cada lugar de cada cosa en el fuselaje del avión.

En los años 70, mi papa me había llevado a una revista aérea en el Dorado, donde las estrellas eran los aviones Mirage de la Fuerza Aérea.   Luego en el año 74 o 75 me llevo al municipio de Chía, a un festival de ala delta desde el Cerro de la Cruz. Me parece increíble pensar que 20 años después sería yo el que volaría en ese cerro en esa zona. Pero el evento que marco mi vida, y la de muchos pilotos de vuelo libre de mi generación, fue cuando mi querido padre me llevo a cine en el año 1976 o 1977 a ver la película "La Fortaleza Prohibida" cuyo titulo original era 'Sky Riders". Desde ese día nunca pude volver a poner mi mente y mi corazón en la tierra.   Gracias papa.

El amor por el vuelo fue algo que me había inculcado mi papa. Un hermano de mi papa, Jairo, el menor había sido cabinero de Avianca toda la vida y hablaba de los viajes a un lado y otro y era emocionante.   Un primo, Héctor Augusto, muy querido por mi papa por su estilo, 5 o 6 matrimonios encima, 4 nacionalidades y habilidades de mago, trabajo mucho tiempo en Avianca y había por la puerta grande.   Por allá en los años 70, el hermano mayor de Héctor Augusto, Guillermo, tuvo un accidente fatal durante sus últimos vuelos crucero como estudiante de aviación. De otro lado, otro primo Guillermo Alberto, hijo de Guillermo, hermano mayor de mi papa, también había estudiado aviación, además de veterinaria, derecho y varias carreras más. Mi querido hermano Mauricio, también estudio aviación privada después de mudarse a Estados Unidos en el 2007. En síntesis, existía una pasión por el vuelo en la sangre, algo que para bien herede.

El día que debía presentarme a un examen médico para definir mi servicio militar por allá en Julio de 1984, un mes después de gradarme de bachiller, estaba de pelea con mis padres. Sali esa mañana sin despedirme. Un par de horas después ellos pasaban en su Renault 4 azul echando ojo al tumulto de gente al frente del Batallón de Policía Militar No 1 en la Calle 100 con Autopista, desde el carro me pitaron e hicieron señas y yo apenas los salude. Solo volvería a mi casa tres meses después, bien cambiado por la experiencia.

Los primeros meses del servicio militar me hicieron abrir los ojos, comprendí lo importante que era mi familia, mi papa, mi mama y mis hermanos. Extrañaba mucho la comida que preparaba mi mama en la casa, la comida que algunas veces mi papa o yo habíamos rechazado por simple.   Mis papas siempre estuvieron ahí durante el servicio militar. Me visitaban los Domingos, me llevaban comida, cuando me daban salida, mi papa trataba de recogerme, de devolverme, siempre estuvo ahí. No hablábamos mucho, apenas lo necesario, pero era suficiente.

1984 fue un año bien complicado para mis padres. A principios de ese año, mi querida madre fue diagnosticada con cáncer de seno y tuvo una mastectomía doble, algo que aun hoy en día tiene repercusiones. Mi papa siempre la acompañó a pesar de sus rabietas y su estilo, siempre estuvo ahí a su lado.   El se preocupaba mucho por ella. Después de la milagrosa recuperación de mi mama, mi papa la acompañaba cada año a sus chequeos al otro extremo de la ciudad.   Eso lo marcaba el en el calendario y lo volvía un paseo, comía cosas que vendían a la entrada del Instituto Nacional de Cancerología y compraba cuanta chuchería podía.

Recuerdo que por allá en Septiembre del 84 mi mama se presentó al Batallón a participar de la ceremonia de entrega del arma y ella tenía una peluca debido a la quimioterapia.   Por alguna razón mi papa no estuvo ese día, pero presumo que estaban de pelea.

Mi papa me había conseguido una recomendación de un coronel de apellido Bocanegra, para que me enviaran al Sinaí durante mi servicio militar. Eso no se dio.   Luego me ayudo a conseguir una recomendación de un alto oficial de la Fuerza Aérea para mi aplicación a esa entidad.   Yo quería estudiar aviación, pero no había la forma de pagar para entrar una escuela privada, entonces considere presentarme a la Fuerza Aérea, mi papa me apoyaba siempre y trataba de ayudarme con las recomendaciones o lo que fuera.

En la navidad del 84, yo tenía permiso de salida para pasar el 24 con mi familia.   Fuimos invitados a cenar donde Evencio, hermano de mi mama y luego donde Chabela o Isabel, hermana de mi papa. En este último lugar, recuerdo como si fuera ayer, mi papa sentado al lado de mi mama, ya pasada la media noche, mi papa se comienza a sentir mal y coloca su mano sobre el brazo de mi madre, su otra mano sobre su pecho y le dice, "me siento mal, ¡me siento mal…!".   De inmediato, nos fuimos para los que es hoy la Fundación Santa Fe donde le diagnosticaron infarto agudo de miocardio. Pero en la madrugada del 25, debimos salir para el Hospital Militar donde mi papa permaneció como unos 15 días. Creo que la razón por la cual trasladamos a mi papa fue la falta de recursos de como atenderlo. Ese día, fue mi tío Evencio, quien llego con chequera en mano para ayudar, nunca olvidare ese gesto ni muchos otros que los hermanos de mi mama y mi abuela materna tuvieron con nosotros, incondicionalmente, siempre. Tuve miedo de perder a mi papa, no me imaginaba estar sin él. Sin embargo, nunca le di la importancia que merecía la enfermedad de mi madre y me arrepiento por esto.

Mi papa paso por una situación complicada ese año 1984, la situación económica era supremamente apretada, la enfermedad de mi mama, entre otras cosas. El infarto lo obligo a dejar el cigarrillo para siempre. Recuerdo la última caja de cigarrillos Royal, o Mustang no recuerdo exactamente y su encendedor, que tenía el día del infarto. Esa cajetilla me la termine fumando yo.

El regreso de mi padre a la casa, ya en Enero de

1985, fue muy particular. Su genio estaba completamente descontrolado, gritaba por todo y era bastante agresivo con mi mama y con nosotros, pero, aun así, lo teníamos vivo. Yo sufría ver esas peleas continuas, de hecho, fue algo con lo que sufrí desde muy pequeño, todas las peleas y gritos. Por esa razón hasta hace poco relativamente, mi despedida después de visitarlos era, "me voy, pero por favor no peleen " o " si pelean, no vuelvo", o "les traigo esto, para que no peleen".

Esas continuas discusiones y disgustos no lo soportaría ninguna pareja hoy en día, pero por algún motivo mis padres, hasta donde yo supe, consideraron seriamente separarse. Tampoco estoy diciendo que sea algo bueno, por el contrario, pero también un matrimonio de solo sonrisas solo sería una farsa. Lo cierto es que mi papa fue excesivamente duro algunas veces, pero siempre estuvo ahí.

A finales de 1985 debía decidir a qué universidad ir y que estudiar. Mis papas nunca me dijeron, Usted debe estudiar esto o lo otro, creo que ni siquiera me dijeron que era lo que tenía que hacer, pero su mirada, su silencio eran evidentes y presión suficiente de que tenía que hacer algo útil. Mi mama no estuvo muy de acuerdo con que yo fuera a la Universidad Nacional, me decía que me imaginada tirando piedra y con una mochilita colgada al hombro. Mi papa estaba fresco, para él era independiente donde estudiara, con tal que siguiera para adelante.

Finales de los 80 y vuelta al trabajo.

En el año 1987 las cosas comenzaron a cambiar para mi papa. Un viejo amigo suyo, Tito Livio Caldas, rico y de origen humilde, dueño de Legis de Colombia, le dio la oportunidad a mi papa de trabajar como vendedor en Lexco, que era representante de Canon para Colombia. El trabajo de mi papa era vender maquinas fax y fotocopiadoras. Coincidió con el auge del uso del fax en Colombia, lo que le permitió a mi papa recibir buenas comisiones. Uno de sus clientes más importantes era Ecopetrol, la empresa más grande de Colombia. Mi papa viajo a Barrancabermeja, invitado por la empresa a una reunión de proveedores y llego encantado. Mi papa tenía contactos en todos lados, y los usaba para promocionar sus ventas. Cuando podía acompañaba a mi papa a visitar clientes y hacer diligencias, pero casi siempre me quedaba en el carro esperándolo. Se veía su felicidad y su entusiasmo durante esos años. En el ano de 1988, mi papa y mi mama viajaron a Suramérica invitados por Lexco, debido a los buenos resultados en ventas. Viajaron con otras parejas a Brasil, Argentina e Iguazú.

Para ellos fue un viaje extraordinario y especialmente para mi papa, tal vez por el significado de este reconocimiento a esa altura de su vida, por esto fue tan importante este viaje para él. Durante muchos años repitió los nombres de los hoteles, los platos que había comido en cada ciudad, la espectacularidad de las Cataratas de Iguazú. Tanto se me quedo grabado el nombre del hotel Plaza Francia, en el barrio Palermo en Buenos Aires, que un viaje de trabajo a esa ciudad, tuve que pasar por allí y tomarle una foto. Era un hotel normal, pero para mi padre ese hotel, esa ciudad, ese viaje significo mucho. Le conté a mi papa y le mostré la foto y eso nos dio para una buena conversación.

Mi padre nunca tuvo la oportunidad de viajar a

Europa, pero en algún momento le escuche decir que lo de él era Argentina y los Estados Unidos. Yo me lamento por no haberlo enviado en alguno de los viajes que mi mama hacia a España a visitar a mi querida hermana Natalia.   Nunca viajo a Europa, pero sabía de Europa más que muchos, su historia, cultura y política.   Yo viaje a Europa por primera vez a los 33 años y mi hija Sofia, lo hizo, por un mes para sus 15 años.   Así es la vida.

No recuerdo cuando mi padre se retiró de esa empresa que le dio ese aire y vitalidad, ni la razón de porque lo hizo, pero fue una buena etapa para él.   Pero esas experiencias como vendedor las recordaba después de mucho tiempo, lo mismo que aquel viaje tan especial a Suramérica, de donde llego cargado de regalos para todos.   Aún conservo un sweater de rombos y unos chalecos en casimir que me trajeron de ese viaje..

Después de un periodo largo de andar a pie, mi padre compro un R9 beige usado por allá en el 1989. Recuerdo de después de una discusión fuerte entre él y yo, fui a pedirle disculpas por que necesitaba el carro prestado para invitar a salir a mi futura esposa. Mi papa, sin ningún problema, sin ningún rencor me dio las llaves, pues sabia de la importancia de esa cita para mí.   Al año siguiente, compro otro R 9 usado, esta vez azul metalizado, era el modelo más avanzado.   Aún recuerdo la cara de mi papa cuando mi hermano Mauricio regreso a la casa en una grúa, luego de haber chocado el carrito en un paseo por los lados de Girardot.   Ya en el año 1991 yo había comenzado a trabajar y lo primero que le dije a mi papa es que iba a comprar mi propio carro. Fue en R 4 rojo, que mi papa me acompaño a ver y a negociar, creo que también mi hermanito le dio su golpecito en una puerta.

Los 90

Los años 90 fueron una época, como todas, realmente especiales.   Después de que me gradué, comencé a trabajar como vendedor, igual que mi querido papa, luego me salió una beca para ir a estudiar a Japón.   Yo siempre le pedía consejo a mi papa y él siempre me motivaba para salir adelante, para aventurarme y para tomar uno que otro riesgo.   Nunca le veía el lado malo a las cosas, ni tenía miedo, ni calculaba riesgos que no existían. Durante esos años, y al ir adquiriendo mi independencia económica, comencé a distanciare de mis padres, a pesar de seguir viviendo con ellos. Tuve buena suerte en la búsqueda de trabajo y oportunidades y siempre le pedía consejo a mi papa. El lo decía abiertamente, que fuera disciplinado en el trabajo, que evitara cambiar de un lado a otro, que ahorrara, que invirtiera. No lo decía abiertamente, pero era un poco opuesto a lo que él había hecho en su vida.

Debo reconocer que debí ser mucho más generoso con mis padres, por lo buenos que fueron y por qué con mucho menos, ellos nos habían dado a mis hermanos y a mí, muchísimo más. Durante esos años, mi mama sostenía el hogar y a los que vivíamos en él. Mi papa ya con unos 65 años no tenía un ingreso estable. El seguía persiguiendo uno u otro negocio aislado. Trato de construir una máquina para cortar rollos de papel blanco, que él conseguía a buen precio, convirtiendo rollos en papel tamaño carta u oficio. La eficiencia de la máquina que él mismo había diseñado y mandado a construir no era suficiente, por lo que el papel no salía cortado de manera correcta. Bastante tiempo paso parqueada la maquina cortadora en el parqueadero de la casa.

En otra ocasión, cuando estaban de moda las antenas parabólicas en Colombia, mi padre se asoció con otra persona para instalar una antena en algún municipio de la Sabana de Bogotá, creo que era Subachoque. Hicimos un acuerdo, le preste algún dinero, pero el proyecto nunca arranco.

Mi papa había hecho algunos aportes a pensión obligatoria durante su vida, pero no había cotizado las semanas suficientes para recibir una pensión por jubilación, situación similar a la de la mayoría de los colombianos. Después de muchas gestiones, logro que el estado le devolviera sus ahorros, algo así como 17 millones de pesos de la época. Para evitar que mi papa los gastara, le propuse una idea y acordamos que yo invertiría este dinero y le daría una renta mensual con intereses. Este dinero solo duro un tiempo y no tuve la valentía de ofrecerle extender su mesada por mi cuenta.

Toda la vida me dedique a ahorrar, para tener tranquilidad económica a futuro y evitar que me pasara lo que le paso a mi papa, sin embargo, me pregunto si es una buena idea ser tan ortodoxo y ahorrativo. Lo más grave es, que pudiendo darle a mis padre mucha más ayuda económica, lo hacia a cuentagotas. Antes de su muerte, le pedí disculpas a mi papa, pero él me dijo que no había nada que disculpar pues lo que él había necesitado, yo se lo había dado. Te pido disculpas Papa, porque si debí ser más generoso.

Yo me case en Julio de 1994 y mis padres siempre consideraron y trataron a mi esposa como a una hija. Uno de los días más tristes, fue el día que me fui de la casa de la 153, cuando me fui a vivir a un pequeño apartamento que habíamos comprado con Luisa mi esposa, en la calle 159 debajo de la avenida 19. Ese apartamento estaba pocas cuadras de la casa de mis papas, lo que me facilitaría visitarlos, y así fue, por 10 años vivimos en ese lugar, muy cerca de mis padres y hermanos.

Aquella era una mejor época para vivir en Bogotá. Había tráfico, pero no era imposible, inseguridad la de siempre, no la de ahora, ni la oleada de inmigrantes, el ruido y bulla de los vecinos, la sensación de caos y desconcierto. Cada época de vacaciones o Navidad salíamos con mi esposa a algún lugar, todo era fácil.

Unos meses antes de casarme, comencé un curso

de parapente y en Noviembre de 1994 hice mi primer vuelo de altura. Eso fue algo que cambio mi vida a hoy, y algo que me unía a mi papa. El estuvo siempre pendiente del riesgo, pero siempre me apoyo a meterme de lleno en este deporte. Casi siempre después de un día de vuelo fuera donde fuera, llamaba a mi padre para contarle, o le compartía fotos o videos. Su pregunta siempre era: "cuantas horas voló ?" yo le trataba de explicar que como era vuelo sin motor, sujeto a las condiciones del clima y a la agilidad del piloto, un vuelo podría ser cuestión de minutos o de horas, pero al fin y al cabo era un vuelo. Cada vez que cambiaba de equipo, ala o arnés, el me preguntaba si era mejor y más seguro, eso le daba mucha tranquilidad. El comprendía lo importante que era no solo volar, si no también, ir a la montaña, estar en el campo, compartir con los amigos, tomarse una cerveza después de cada vuelo. En Bogotá, el Sábado era usualmente mi día de vuelo y lo que hacía era pasar donde mi papa mientras uno que otro amigo me recogía para ir a volar. Quiero seguir volando hasta donde pueda para que de esa forma pueda rendir tributo a la memoria de mi papa y lo pueda tener más cerca.

Muchos de mis grandes y queridos amigos que conocí a través de este deporte, conocieron a mi papa, y desarrollaron un vínculo especial con él. También nos unía el gusto por el whisky de malta y así de esa forma pasamos ratos muy especiales.

Creo que fue en 1995 o 1996, debido a mi trabajo, di con una empresa americana que se dedicaba a la construcción de plantas de asfalto. Como plan B a mi trabajo, junto con mi esposa decidimos registrar una compañía cuya razón social era "Equipos, Partes y Servicios Ltda.". Mi papa tuvo el cargo de Gerente Comercial y fue gracias a el que se cerraron dos negocios que generaron algunas comisiones que repartimos. Los negocios se cerraron gracias a la habilidad de mi papa de saberle llegar a los tomadores de decisión. Fue una bonita experiencia que le permitió a mi papa trabajar en algo que le gustaba, ganar dinero y visitar la fábrica en Louisville, Kentucky, otra linda experiencia para mi papa. La empresa se liquidó al poco tiempo debido a que los negocios no prosperaron y por mi visión conservadora de las cosas. Hoy en día, no veo la razón por la cual esa empresa no hubiera podido seguir en el negocio por más tiempo.

Por mi trabajo en una empresa japonesa, viajaba una o dos veces al año a Japón, y así transcurrieron 24 años.   Siempre le traía a mi papa una botella de whisky japonés.   El era feliz con esas marcas exóticas y lo comentaba con sus amigos, también lo disfrutaba.   En su opinión el whisky de malta de Japón era mejor que el escoces.   Alguna vez le regale una botella de whisky incoloro, como el agua, pero con un grado de alcohol de aproximadamente 50%.   Era bastante fuerte, pero mi papa se emocionaba siempre de probarlo con sus amigos

De vez en cuando mi papa se tomaba sus buenos tragos, sobre todo con los amigos cercanos. Realmente no lo hacia todos los días ni lo hacía solo. Cuando yo pasaba por su casa a saludar, incluso entre semana después del trabajo, él siempre me recibía con un whisky.   Me decía, "David, lo noto preocupado, tómese un whisky que eso lo relaja". Me sugería siempre que fuera uno, máximo dos tragos y me repetía que no lo hiciera todos los días, ya que "si se hace todos los días, es un vicio".

Mi papa siempre tomo whisky.   Solo en sus últimos años se aficiono por las maltas.   Antes de eso, tomaba las mezclas tradicionales con hielo y con un poco de agua, nunca con soda. Me conto alguna vez que mi abuelo David tenía preferencia por el Black & White. Mi padre disfrutaba de una buena cerveza también. Años atrás, tenía predilección por el Campari, detestaba el aguardiente, el ron y aceptaba uno que otro vino. Se desvivia por un buena Champagne.

Por allá en la época de Colseguros, mis padres compraron un mueble de madera, con cubierta en mármol y hasta ruedas de madera, se le conocía como el "bar". Adentro se guardaban las diferentes bebidas alcohólicas. De pequeño yo fisgoneaba el bar. Le agregaba azúcar al Campari para tratar de eliminar el sabor amargo que lo caracterizaba, pero no lo lograba, simplemente era la naturaleza de ese licor. El Campari le gustaba muchísimo a mi papa.

Hablaba mucho de un licor de origen francés llamado "Chartreuse". No porque le gustara, si no porque le recordaba su infancia. Al parecer alguien se lo
regalaban con frecuencia a mi abuelo y eso había marcado a mi papa. El repetía las características

de ese licor, como era fabricado por cierto grupo de monjes en Francia, etc. Le oí repetir esta historia varias veces a lo largo de los años, pero la verdad yo nunca lo probé. Sin embargo, ahora que escribo sobre este tema, buscare la oportunidad de tomarme un trago de Chartreuse y hare un brindis por mi padre.

A lo largo de la última década de vida de mi padre y junto con mi madre, solíamos visitar el "bar" una cadena de cervecerías artesanales llamada, Bogotá Beer Company, o BBC, que luego de unos años a no fueron tan artesanales. Les encantaba a mis padres, allá pedíamos cerveza en jarra, empanadas y otras cosas que lo hacían feliz. Mi papa siempre pedía una última cerveza y algo mas de comida, pues estaba alegre y no quería que el momento terminara.

2000   (nunca creí que fuera llegar tan lejos)

Y llego el nuevo siglo. Le escuche decir a mi papa que el de joven nunca pensó en llegar al año 2000 y ya estábamos como en el 2010 cuando hizo esta afirmación.   Incluso para nosotros, que pertenecíamos a otra generación, el año 2000 era algo lejano, pero llego y paso y ya se está lejos en el pasado.

Esos años fueron superespeciales. En el 2000, pude entrar a la Asociación Colombiana de Coleccionistas de Armas, ACCA. Esto gracias al apoyo de uno de mis mejores amigos, Juan Barriga, con quien mi papa tenía una amistad enorme. El amor por las armas y sobre todo su historia, fue una pasión que herede de mi papa, pero nunca me imaginé que el ingresar a la ACCA se convirtiera en algo tan especial para él y de cierta forma para toda la familia. Era uno de sus sitios predilectos, sencillamente era feliz cuando estaba allá, caminando los campos, los polígonos o al frente de la chimenea en la cabaña. Si no iba conmigo, tenía varios amigos que eran también socios y lo invitaban. Como familia, aprovechábamos la ACCA para celebrar reuniones familiares, Navidades, cumpleaños, lo que fuera, fuimos muchísimas veces y todas generaron momentos especiales. Mi papa conocía más miembros de la ACCA que yo y por supuesto lo conocían más que a mí. Un amigo en particular, Alberto Franco Henao, a quien mi padre había conocido en los años 70, se volvió el reencontrar con mi padre en la ACCA. Fue uno de los amigos más cercanos de mi papa en esa época y cuando este falleció, su muerte fue lamentada profundamente por mi padre.   Otros muy buenos amigos de mi papa fueron   Abel Jiménez, el coronel Salazar,   Horst Klein, el "negro" Nieto, Fernando Barriga,   estos dos últimos fallecidos antes que mi padre.   Lo curioso es que también hacia buenas amistades con gente de mi edad o menor que yo, como José Ignacio Lombana, Juan Camilo Collazos y especialmente Juan Manuel Fonseca quien veía a mi papa casi como un padre. Como era de costumbre de mi papa, siempre les insistía a sus amigos y conocidos que lo visitaran para tener charlas interminables acerca de las armas, revisar catálogos, hacer uno que otro negocio.   La frase favorita de mi papa era " …cuando pasa a tomar café ….?

Mi papa no era para nada tímido para llegar a saludar a cualquiera, a preguntar por el tipo de arma de colección que estaban disparando ese día, de comentar, y la gente lo apreciaba por esa espontaneidad y sinceridad, realmente se sentía en su sitio y eso me alegraba muchísimo.

El tema de las armas, tabú en muchos aspectos en

un país tan descuadernado como Colombia, me unió mucho con mi padre toda la vida desde los 6 o 7 años cuando mi papa me enseno a disparar armas de fuego con una carabina M1 que tuvo o su revolver Colt Frontier 22, que lo acompaño muchísimos años, pero que luego vendió. Yo le pregunte la razón de haber vendido el revolver que siempre lo había acompañado, simplemente me dijo que se había "gastado" de tanto uso.

Cuando ingresé a la ACCA tuve la oportunidad de iniciar una muy reducida colección y por su supuesto con mi padre comentábamos cada adquisición, cada venta, de cada readecuación de alguna pieza. Un tiempo después pude conseguir un Colt Frontier 22, no pavonado negro como el que tuvo, pero niquelado, y se lo regalé a mi papa para su cumpleaños. La verdad no se sorprendió ni nada, lo disparamos algunas veces y luego lo vendimos. Así era mi papa, a veces se sorprendía por cosas y otras veces no. Sin embargo, siempre fue un tema que le agrado el de las armas y en particular las armas antiguas. Le gustaba mucho hacer inventarios de colecciones antiguas, identificar cada una de las piezas, buscar su valor o tratar de negociarlas.

En el fondo lo que mi padre busco siempre fue encontrar algún tesoro, alguna pieza de colección única en su género, alguna antigüedad valiosa pero desconocida. Se consiguió un yelmo medieval que lamentablemente resulto una copia. Tenía fotos de todo esto en la tableta que mi hermano Mauricio le había obsequiado. Era feliz hablando de sus visitas al Museo Metropolitano en Nueva York, hablando y compartiendo información con los curadores de los museos. Era fanático de los museos, le encantaba el Museo Nacional en Bogotá. Era fanático de los detectores de metales, recuerdo por allá a finales de los 70 buscar guacas en la finca de su primo Alberto Bonilla en Nilo, Cundinamarca. o más recientemente, usando el detector que le presto su mejor amigo de toda la vida Mauricio Ortiz, el cual paso a recoger unos días después del fallecimiento de mi padre.

En el polígono, mi papa siempre disparaba a pesar de que desde los años 90, mi padre comenzó a sufrir de problemas en la visión por cataratas y desprendimientos de retina. Sufrió mucho por esto. Al disparar tenía la disculpa que no veía bien, pero disparaba muy bien, sin ponerle misterio a nada.

En la noche el 24 de Diciembre del año 2000, mi esposa y yo le anunciamos a mis papas y mis suegros que esperábamos un bebe.   Recuerdo ver la cara de alegría de mi papa, iba a ser abuelo, fue la misma cara de alegría y felicidad que tuvo cuando, vestido de saco y corbata, visito la clínica Reina Sofia donde había nacido Sofia, un 5 de Agosto de 2001.   Siempre fue formal en el trato con mi hija, la llamaba "Señorita Sofia". La ayudo a cuidar durante su infancia, la acompañó el primer día de colegio por allá en Agosto del 2005 y la acompañó a su grado de Bachiller, un 14 de Junio de 2019, dos meses antes de partir a su viaje eterno. Al lado de su nieta, de principio a fin.

El trato de mis padres con mi esposa Luisa y con mi hija eran ejemplares.   Mi mama, un poco más cercana extrovertida, espontanea.   Mi papa mucho más serio y formal, siempre, siempre muy respetuoso con ellas, algo increíble y que me llenaba de orgullo.   Algunas veces yo discutía con mi padre enfrente de mi esposa o mi hija, y luego mi padre me decía en forma humilde: " David, por favor no me regañe delante de ellas".   Pienso en eso y me siento mal por esa falta y escribo este libro a la memoria de mi parte y en donde se encuentre, el sabrá perdonarme.

Otro evento especial sucedió en el 2004. Terminamos la construcción de una casa pequeña en Chía. Remontándonos años atrás, por allá en el año 1996, mi esposa y yo habíamos comprado un lote de 2 hectáreas en el municipio de Tenjo y aunque lejos de Bogotá, teníamos el sueño de construir una casa e irnos a vivir allá. Muchas, muchas veces organizamos asados con toda la familia, y mi papa nunca faltaba, era feliz en el campo, tomándose un par de cervezas, comiendo carne, imaginándose el futuro junto con nosotros. Unos años después decidimos buscar otro pedazo de tierra de más fácil acceso a Bogotá, algo que tardo unos dos años. Nos enamoramos de un lote en una parcelación al norte de Chía, lleve a mi papa en algún momento y me dijo "compre". Lucgo dc una larga negociación, lo compramos y comenzamos a construir una casa. El día que nos mudamos a Chía, en Junio del 2004, sentí dolor de alejarme nuevamente del sector donde vivían mis queridos padres. Fue un cambio brusco, que significaron 5 años de vida diferente, muchas aventuras y retos.

Nunca falto mi papa para ayudarnos en una u otra cosa en Chía y nunca dejaron de faltar las reuniones familiares los Domingos o en fechas especiales. De mi trabajo a la casa, o de mi casa al trabajo, siempre trataba de parar unos minutos para saludar a mis padres, así fuera unos minutos. Mi papa me decía " pite que yo le abro, salía con su bata, sus pantuflas, hablábamos o discutíamos por algún tema, le traía o lleva algo de comida preparada por mi mama.

Un evento que me abrió los ojos a la realidad de la vida y más a mis padres y fue cuando Ernesto, hermano menor que mi papa, veterinario el, falleció. Durante su juventud Ernesto y mi padre fueron muy cercanos, pero la vez, se peleaban de una forma inimaginable, según contaban. Alguna vez le escuche decir a mi papa que él tuvo que amarrar a Ernesto por su comportamiento y lo fueron a dejar en el cuartel. Desde que tuve memoria, mi papa tuvo un afecto especial por dos hermanos, Ernesto y Jorge. Especial quiere decir que era un poco diferente a la relación con otros hermanos. También me dijo que, con Ernesto, era el único hermano con el que el que disfrutaba tomarse un trago de whisky.   Y yo entendía el por qué, eran del mismo estilo, gente recia, simple, oscos por fuera, pero con un corazón y un amor a la vida gigantes por dentro.   El día que me enteré de la muerte de Ernesto, fui a la casa de mis papas para saludarlos y abrazarlos, decirles lo feliz que estaba de tenerlos a los dos vivos, al mismo tiempo en ver como estaba mi papa.   El estaba tranquilo como siempre en estas cosas, mi papa no le ponía ningún misterio.   Todo esto me abrió los ojos aún más: ya había muerto Jaime el mayor, me di cuenta de que los anos pasan y nadie era eterno.   Unos años después murió Guillermo, el abogado, otra persona muy querida y respetada. Un señor muy tranquilo, serio y respetuoso.   Alguien me decía que era el más parecido a mi abuelo David. Pensé mucho en estas personas después de su partida. Aun los pienso.

A lo largo de su vida, mi papa le rindió culto a muy poca gente.   En la familia, por supuesto sus padres, de sus hermanos a Jorge, el médico.   De otros familiares, a su primo, Alberto Bonilla, medico, a quien pude conocer más de cerca, con sus excentricidades, pero también de un corazón inmenso.   De sus amigos, muchos y muchos.   Mi papa tenía muchos y muy buenos amigos. Mauricio Ortiz Restrepo, quien por coincidencia fue mi padrino de bautizo, fue uno de sus grandes amigos y unos de los que digámoslo coloquialmente, "se aguanto" a mi papa más de 40 años. Fue uno de los amigos que lo acompaño hasta sus últimos días y uno de los que siempre pasaba a tomarse un tinto.

No considero que fui amigo de mi padre en el sentido clásico de la palabra. Nunca hablamos de temas "difíciles" sobre todo en mi adolescencia y cuando mi papa lo quiso hacer, yo cambie el tema. No obstante, compartíamos muchos hobbies, posiciones políticas, whisky, cerveza entre otros, pero habia distancia. Cualquier decisión o tema importante en mi visa se lo contaba o consultaba a mi papa, eso era importante. Peleamos, discutimos muchas veces, pero siempre estábamos pendientes los unos de los otros. Era rara la vez que el me trataba de convencer de cambiar mi opinión y por el contrario me apoyaba en las ideas que tenía.

Yo criticaba a mi padre, lo cuestionaba, lo

controvertía, pero estaba atento a sus cosas, a su vida, sin entrar muy profundo en su vida para no sufrir por sus preocupaciones y problemas. Mi visión conservadora de los gastos me impidió disfrutar más de la relación con mi padre y también me impidió ayudarle a tener una vejez más digna, independiente a todo, era mi padre y se lo debía.

Sobre la buena vida, por decirlo de algún modo, por ejemplo, comer, beber y tener una conversación más abierta o hasta más profunda con mi padre, mi hermano Mauricio estuvo a la altura. Sin embargo, el comportamiento explosivo de ambos, a veces hacía que las cosas no terminaran bien. Era como ver a dos amigos peleándose. Yo también discutía con mi hermano, pero mi papa siempre me decía, "déjelo quieto, que se le pasa". Nunca escuche a mi papa disculparse con alguien, nunca. En el caso de mi hermano, mi madre o en mi caso, éramos nosotros los que terminábamos disculpándonos con él. En mi caso, creo que exagero con las disculpas, por lo que pienso que al final del día, es mejor disculpase poco que mucho

Durante nuestra permanencia en Chía por 5 años, eran frecuentes los encuentros familiares, los asados, paellas, sancochos. La debilidad de mi papa era el lomo al trapo y ese lo preparábamos muy bien en la chimenea de la cabaña en la ACCA, era feliz comiendo carne, era lo suyo. Ni el pescado, ni el pollo se le acercaban, las verduras mucho menos, lo suyo era la carne. Cuando comía exceso, se le iba la respiración, cosa que me asustaba bastante, pero al final decía "estoy muy lleno, estoy llenado como dicen en Armenia¡" Otra expresión que usaba con bastante frecuencia, cuando algo lo sorprendía o le agradaba, sobre todo en temas culinarios era " Ujuuuuu ¡", con una entonación muy particular, eso quería decir que el festín estaba listo para ser servido. Mi papa siempre dijo que el mejor sitio donde se comía era en su casa y en esto yo estuve siempre de acuerdo.

Mi papa a veces se enfrascaba en discusiones políticas con mi suegro, Álvaro Alzate, el ingeniero civil, una persona muy correcta y con una idea política bien diferente a la de mi papa. Esto sucedía frecuentemente durante las reuniones familiares, sobre todo en los últimos tiempos, hasta el punto de que le pedía a mi papa, antes de comenzar la reunión familiar, que evitara hablar de política. La mayoría de las veces no lo cumplía.

Mi papa era recio en su hablar, pero no hablaba mal, de hecho, se expresaba muy bien y siempre lograba expresar ideas y conceptos con el lenguaje correcto. Lo más interesante del asunto, sin embargo, era que nunca decía una grosería o una mala palabra, ni en las discusiones más fuertes. Cuando entraba en controversia con alguien, le gustaba decir "como se le ocurre", expresión que cuestionaba la inteligencia básica del adversario. A un bandido o alguien de poca monta se refería como "bellaco", le encantaba esa expresión. Otra que usaba era "maestrico", para referirse a alguien de alguna confianza.

Con mi querida hermana Natalia, la relación también pudo haber sido más distante, pero soy testigo de la preocupación de mi padre por ella en todo momento, prácticamente hasta el día de su partida. Cuando Natalia era muy pequeña, mi papa la consentía y la mimaba, al fin y al cabo, la niña de la casa. Le puso un apodo muy particular: "Pipanquitas", aunque años después yo me preguntaba que quería decir con ese apodo.

Mi esposa, hija y yo decidimos arrendar la casa en

Chía a finales del 2008, debido una serie de eventos, incluidos un robo y una época de lluvias exageradamente fuerte. Debí abre tenido más coraje para permanecer allá. También tenía la ilusión equivocada de ira a trabajar al exterior por cuenta de la compañía para la que trabajaba. Por esas razones decidimos arrendar la casa y salir para Bogotá, sin un plan fijo. Mis padres nos acogieron en su casa, allá llegamos con cajas y cosas, algunas de las cuales aún están allí. Mi papa insistió bastante que estuviéramos en la casa y fue muy generoso con nosotros, siempre lo fue. Al mes, decidimos buscar un apartamento en arriendo, algo cerca para volver a estar por ahí cerca de ellos. Mi esposa Luisa siempre fue paciente con esto y aunque no lo hablábamos de frente, ella sabía y sabe la importancia de estar cerca a ellos. Posteriormente compramos un apartamento en la calle 152 con 14, que seguía estando cerca de casa de mis padres y esto permitía visitarlos seguido. Luego nos pasamos a otro lugar, en la calle 145 con 12, un poco más lejos pero también a distancia de caminata. Ya para entonces me movía en bicicleta por toda la ciudad incluso iba a la oficina en ella, esto me permitió, casi siempre desviarme de mi ruta para pasar a ver y saludar a mis papas.

Mi madre comenzó a visitar a mi hermana Natalia en Barcelona prácticamente cada ano y permanecía fuera por meses. Mi papa se quedaba solo en la casa, pero trataba de pasar todos los días a ver como sobrevivía. Cuando iba en la bicicleta, era común parar en la Avenida 19 con calle 145 para comprarle una arepa rellena, de esas que vendían en los puestos de la calle. La metía en la alforja de la bicicleta y allá iba a dar. Era feliz con su comida.

Por allá en Septiembre del 2013, mi madre había viajado a Barcelona. Unos días antes de su salida, recibí en mi oficina una llamada de Jairo su hermano, diciéndome que los vecinos le habían marcado por solicitud de mi mama debido a que mis padres estaban en una pelea grandísima, con gritos, amenazas y todo lo demás. Todo me hacía pensar en una desgracia, que no paso afortunadamente, pero la pelea fue de las más serias. A los pocos días mi madre debía viajar, y como siempre lo había pecho mi padre, el decidió ir al aeropuerto a acompañarla. Se hablaron muy poco y apenas se despidieron. Ese fin de semana decidí viajar con

Luisa mi esposa a Girardot, para volar en paramotor en una pista de aviación en Flandes, Tolima donde acostumbrábamos a ir.   El Domingo muy tempranos cuando me estaba alistando para salir a volar, recibí una llamada de Mauricio Ortiz, diciéndome que mi papa estaba en la Fundación Cardio Infantil, pues acababa de sufrir un infarto.

Mi papa nunca me llamo y prefirió llamar a Mauricio, su amigo, para que él lo llevara al hospital. Inmediatamente salimos para Bogotá.   A los pocos días mi papa estaba en la Clínica Magdalena, en la calle 39 con 14, pues allá lo había enviado la EPS para ser atendido.   Mi papa nunca conto con seguro de medicina privada y su afiliación a la salud publica era por ser beneficiario por parte de mi mama.   En 1994 cuando me afilia a la medicina privada, logre involucrar a mi mama, pero no a mi papa. Su edad y antecedentes hacían que la póliza fuera impagable.   Décadas después, supimos el horror de ser parte del sistema de salud publico colombiano.

Mi papa no estuvo tan mal, pero tuvo que recibir la implante de dos stents. Yo veía en las radiografías los estragos que había causado el infarto de 1984.

Le pedí a Dios que, si salía bien librado de esta, lo trataría de la manera que corresponde, con mucho respeto y amor.

Mi mama y mi papa acostumbraban a hablar todos los días por teléfono, aun después de esa pelea tan espantosa.   Mi mama se afano muchísimo ya que nadie le contestaba en la casa, hasta que tuvimos que decirle que mi papa estaba en la clínica, pero por otra razón diferente a un infarto.   En acuerdo con mi papa, no queríamos que mi mama regresara apenas habiendo llegado a Barcelona, sabíamos que estar lejos también le daba un aire necesario.

Recuerdo el día que le dieron de alta a mi papa, lo recogimos y dimos una vuelta grande por el barrio Teusaquillo, donde mi papa había pasado algunos años de su infancia, por allá al comienzo de los 40. El nos señalaba con lujo de detalles de quien era esa o aquella casa, que estaba ubicado en ese u otro punto, etc.   Tenía muy buena memoria y recordaba todo con una claridad impresionante.

Nos encargamos de mi papa durante la ausencia de mi mama, lo visitábamos todos los días y tratábamos de ayudarle a conseguir los alimentos que le habían recomendado.   Esa dieta saludable le duro apenas unas semanas y mi papa volvió a su típica dieta de latas de atún, pan, galletas, tinto con mucha azúcar, etc. etc.   Al final me di cuenta de que no importaba tanto lo que comiera, ya que él era muy resistente a todo,

En los últimos anos habíamos acordado un clave con mi papa, para entrar a su casa.   Yo no quería que el estuviera bajando continuamente las escaleras, pues se podría caer y lastimar. Además, ya era común en Bogotá los robos de residencias por parte de bandidos que se hacían pasar por representantes de empresas de servicios públicos, vendedores, entre otros.   La casa de la 153 está ubicada en una vía de alto tráfico y doble vía, también de mucho tráfico peatonal, lo que hacía que mucha gente pasaba y timbraba en la casa por alguna razón.   Mi papa se enfurecía cuando timbraban a pedir limosna, testigos de jehová, personas que iban para la casa equivocada, pero siempre salía a ver quién timbraba, pues en algunas ocasiones llegaba uno de sus amigos a tomar café, y eso lo ponía alegre. La clave, era que yo timbraba tres veces consecutivas, así yo entraba, ya que yo siempre contaba con mi juego de llaves, y mi papa no se preocupaba por bajar ni tampoco por quien estaba entrando a la casa.

Cuando entraba, era usual verlo en el taller improvisado al lado de la cocina haciendo algún tipo de "arreglo", puliendo alguna pieza de metal, o cualquier otro trabajo. Si no estaba en el primer piso, estaría en su habitación, recostado aun en bata y sandalias, barbado y sin bañarse, con hambre y viendo televisión, algún noticiero o documental.

La televisión fue la gran distracción de mi papa toda su vida, sobre todo en sus últimos anos. "Yo y Tu", "El Hombre y la Tierra", un gran programa increíble sobre la vida salvaje en los 70, realizado por Félix Rodríguez de la Fuente. Le encantaban los programas de fauna y vida salvaje. "El Chavo del 8" que comenzó a transmitirse en los 70 pero como dccía mi papa, "nunca paso de moda y además nunca uso una palabra vulgar para hacer reír a la gente. No le gustaba Naturalia, pues detestaba a Gloria Valencia. Mas recientemente Netflix, ofrecido por mi hermano Mauricio y hasta veía deportes. Siempre había odiado los deportes, pero se volvió aficionado al ciclismo, futbol y tenis y comentaba con efusividad los logros de Nairo

Quintana o los sinsabores de la selección Colombia. Odiaba a los comentaristas, diciendo que debían limitarse a narrar lo ocurrido.   Era fanático de los noticieros, algo que hoy en día me parece lo más abominable de este mundo.

El sueño de tener un televisor a color había quedado atrás y ya mi padre podía disfrutar de pantallas más grandes, de mejor resolución y con control remoto. Yo le había ofrecido pasarle un televisor de 55 pulgadas que teníamos en Bogotá tan pronto nos viéramos para Navidad.

Por allá en 2015 en uno de sus habituales experimentos en el taller improvisado al lado de la cocina y durante la ausencia de mi mama, mi papa sufrió una quemadura muy grave en su mano derecha.   Al principio oculto el accidente, pero después de un par de días, las heridas se complicaron y mi mama lo tuvo que llevar de urgencias a la Clínica San Pedro Claver, cuyo nombre ya había cambiado a Mederi, a unas pocas cuadras de aquel apartamento de Colseguros.

El estado de mi papa era lamentable y la atención de la clínica igual, era lo más parecido a un hospital en una zona de guerra. Mi padre tuvo que dormir en una silla de ruedas como muchos otros pacientes y esperar largas horas para la atención.   Recuerdo ver su brazo completo completamente invadido por la infección, algo que me hizo pensar lo peor. Nuevamente contamos con suerte y lo pudieron atender, para salvarle su mano, su brazo y su vida. Recordaba la amputación de la pierna de mi querida abuela Vitalina, unos años atrás, lo que la llevo a la muerte unos meses después.

Golpe tras golpe, mi papa y a veces mi mama sufrían, pero nunca perdieron el control y simplemente se enfrentaban a las circunstancias del día.   Mi mama nunca perdió su fe. Ellos dos se acomodaban a las adversidades como fuera, comían lo que fuera, en las circunstancias que fueran.   Verme ahora escribiendo estos relatos me hace cuestionarme porque conté con tanta suerte mientras que a mis padres les toco tan duro.

En Mayo del 2017, recibí una propuesta para manejar una pequeña empresa comercial en Tokio, Japón, donde estoy escribiendo este libro.   Desde muy joven quise salir a trabajar y vivir fuera de Colombia y aunque mi trabajo y estudios por 30 años me permitieron viajar mucho, nunca había tenido la oportunidad vivir afuera. Ya me había resignado a quedarme, de hecho, quería hacerlo y además ya no era edad de pensar en aventuras, sobre todo porque mis dos queridos hermanos, Natalia, la médica, se había ido en el 2004 para España y mi hermano Mauricio, el ingeniero, se había ido para Estados Unidos en el 2008. Como comprenderán, no estaba en los planes también salir corriendo, sobre todo con mi papa y mama de edad avanzada. Después de consultar con mi esposa que apoyo la idea firmemente, pues ella necesitaba un cambio desesperadamente, le conté a mi papa y se puso muy contento por esta oportunidad. Mis papas nunca me dijeron ni siquiera insinuaron que tuviera compasión de ellos, que me necesitaban para que los cuidara, por el contrario, hasta el último día de su vida mi papa se negó a que yo viajara a verlo, él quería que yo le diera prioridad al trabajo y a mi vida lejana. Pensándolo bien, seria exactamente lo mismo que yo haría con mi hija Sofia, dejarla ser libre.

Cada viaje de visita a Colombia alegraba a mis padres. Aprendimos todos a usar el WhatsApp a comunicarnos y vernos con alguna facilidad, o a preocuparnos de forma exagerada si no nos podíamos conectar: "…algo habrá pasado? ¿Porque no contestan? Llamemos por el fijo ¡"

Y llego el 2019. Con mi esposa viajamos a Bogotá en Mayo para asistir al grado de mi hija Sofia.   Le había llevado a mi padre un bastón de bambú, como regalo, me lo había encargado. Era realmente un palo de bambú, pero mi papa tenía planes de doblarlo en unos de los extremos con vapor, para que quedara como un bastón.   El día del grado de mi hija, Junio 14, mi mama y mi papa caminaron desde su casa al colegio de mi hija, unas seis cuadras. Mi papa se sentó a mi lado durante la ceremonia, pero estaba tan cansado y con tanto sueno y frio, que se quedó dormido.   Luego, hicimos una breve reunión familiar en nuestro apartamento.   Yo había preparado algunas cosas y habíamos comprado dos botellas de vino espumoso para celebrar.   Mi papa ya venía con problemas en el sistema digestivo, había perdido ese apetito voraz que lo caracterizaba, pero ese 14 de Junio día tomo y comió pescado y un caldo que le había encantado.   ¡Me dijo, " ese caldo de pescado como me cayó de bien !"

Al día siguiente, mi mama nos invitó a todos a su casa a unas onces también por el cumpleaños de mi querida suegra Libia, a quien mi padre le tenía un aprecio enorme, decía que no había mejor natilla de navidad que la que preparaba Libia. Era la costumbre de mi mama, siempre le gustaba estar acompañada de familia y amigos. Por otro problemita de salud, esta vez mío, ese Domingo no pude pasar a saludar a mis padres y para rematar viajábamos de regreso al día siguiente, el lunes 17 de Junio. Ese día antes de salir para el aeropuerto, tome mi bicicleta y pase a despedirme. Mi papa estaba sentado en la sala, en su asiento de toda la vida, con una bata gruesa que mi mama le había traído de España unos meses antes. Mi mama lo estaba alimentando con una caldo de huevo y galletas. Ya no podía comer bien. Me despedí, habiendo acordado lo importante que sería el reencuentro en Diciembre, para comer carne e ir a su sitio favorito, la ACCA. Sali de regreso al apartamento, pero a mitad de camino reconocí que mi papa no estaría vivo para Diciembre, regrese a donde mis papas, les dije nuevamente a mi papa y mi mama lo importante que eran para mí, lo mucho que los quería y nos tomamos una foto, la última foto junto a mi padre.

Le envié a mi papa a través de WhatsApp una foto con el Presidente de Colombia, Iván Duque, cuando tuve la oportunidad de hablar con durante un paseo en el rio Huangpu en Shanghái a finales de Julio de 2019, todo esto durante un viaje de trabajo. Mi mama me comento lo importante que había sido esa foto para él y lo orgulloso que estuvo. Mucho antes de haber sido elegido Presidente, mi papa era seguidor de Iván Duque y yo compartía esa afinidad política.

A mi papa le encantaba escuchar en programa radial llamado "La hora de la verdad" con Fernando Londono Hoyos. Todos los días cuando pasaba por donde mis padres de camino a la oficina en la bicicleta, ahí estaba mi papa, con su bata, su ruana y sus pantuflas, escuchando a todo volumen el programa. Varias veces mi papa se ganó un libro u otro premio que daba el programa. Era tan conservador el programa que hasta mi papa decía que "se pasaba de godo". Tuve la idea de escribir al programa para hacerle un homenaje a mi papa, pero no lo hice. No descarto hacerlo ahora, de hecho, lo acabo de hacer.

Los meses anteriores a la ida de mi padre, ya no lo llamaba cada semana si no a diario. El siempre me contestaba. Nunca hablamos de la muerte y estoy seguro de que mi papa quería seguir viviendo, yo le recordaba el compromiso de comer lomo al trapo esa Navidad y tomarnos unos buenos vinos y whiskies. En una de esas conversaciones le pedí perdón por todos los errores, regaños y por no haberle dado más cuando él lo necesitaba. Me dijo que no era necesario y que yo le había dado lo necesario. Yo sé que no fue así, yo sé que es fácil pedir perdón, pero es un acto de debilidad y de estupidez, mejor quedarse callado y actuar. Unas semanas después, de forma muy sutil, le pedí consejo, y le pregunte algo como, "papa, y cuál es la lección en la vida ? ¿Que sigue ahora? Nunca, nunca mencionamos la palabra muerte. El simplemente me dijo "hay que ser fuerte y seguir para adelante". El fuerte era él y siempre tomaba posición, realmente no dudaba ni pedía consejos obvios, tomaba posición.

Las últimas semanas en la vida de mi papa fueron difíciles para él y para mi mama. Algunas personas les tendieron la mano en esos momentos, algo de lo que estoy agradecido y compensare.

La comunicación por teléfono o WhatsApp se hizo cada vez más complicada. El 24 de Agosto de 2019 estaba en el campo en lo mío, el vuelo y por equivocación marque su número.   Me llamo inmediatamente, con su voz débil me pregunto si estaba bien.

Lamentare toda mi vida no haber tomado la decisión de viajar una, dos, tres semanas antes, un mes antes.   Yo sabía que las cosas no estaban bien y me escude en mi trabajo y la distancia para no estar al lado de mi papa agonizante y mi mama sufriendo para lograr que lo atendieran en la EPS en una forma respetable.   Mi hermana Natalia, ya había diagnosticado algo serio, pero yo no tome acción.   Viajamos con mi esposa el día 10 de Septiembre desde Tokio vía México, ya mi hermano Mauricio, que había viajado desde Nueva York, me había anticipado lo que podía ocurrir.   Al llegar a México D.F. en escala hacia Bogotá, recibí un mensaje de Mauricio donde me informaba que mi padre, mi querido viejo, mi ídolo de niñez, había partido de este mundo de mierda a las 10:43 de la mañana de ese día.   Yo tenía que estar a su lado en su último suspiro, pero no fue así.   Papa, lo lamento.

Hubiese querido que mi papa saliera a su último viaje desde la casa que nos acogió a todos desde 1979, eso hubiera sido lo correcto y seguro que él hubiera preferido de esa manera. Siempre se habló de vender la casa pero nunca se hizo ya que siempre había diferencia de criterios entre mi papa y mi mama. Ambos se entusiasmaban por ir a ver apartamentos en el sector, pero creo que en el fondo no querían salir de la casita.

Le relación de mi papa y mi mama no fue color de rosa, pues mi papar era bastante duro y mi mama un poco testaruda. La combinación ideal. Hoy en día, por mucho menos las parejas se separan o se divorcian. Eso sí, soy testigo que mi papa siempre estaba pendiente de ella, se amaban. Las últimas palabras de mi papa, fueron dedicadas a mi mama, unos días antes y con un fuerte abrazo le dijo: "no la voy a dejar sola, la quiero mucho ¡"

Nunca hable con mi padre de temas como el amor y otras cosas así por el estilo. El valoraba mucho la familia que había formado y me decía que le diera prioridad a mi esposa e hija. Respeto mucho mi vida individual y familiar y sugería a otros hacer lo mismo.

Por qué algunos vivimos nuestra vida de forma tímida, llenos de miedos, sin tomar posición de verdad.   Salud, familia, trabajo y amigos.   Esa era el orden de prioridades que mi papa me enseno cuando era apenas un niño.   Siempre lo tengo presente, aunque no la respeto como debería. Que cada cual se las arregle como pueda, pero cuando doy un consejo a alguien que me importa, hablo de estas prioridades.

Mi papa adoraba la lectura, en sus buenos anos siempre mantenía un libro o dos en su mesa de noche, al lado de su copa de plata para tomar agua. Mi papa sabia muchas cosas, dominaba muchos temas y no le quedaba corta ninguna conversación con nadie. Era de cierta forma un sabio, mucho debido a su gran amor por los libros. Sus favoritos de toda la vida: La Vorágine, Dona Barbara, Martin Fierro y Tradiciones Peruanas, y con razón, son libros que hablan las vida agreste, la aventura y la sabana.   Los leeré o releeré para hacer tributo a su memoria y seguir aprendiendo

Era muy raro si algún día él se levantaba después de las 6 de la mañana o se acostaba después de las 8 de la noche. Era muy raro el día que no hacia su siesta, dormía bastante y tal vez era una de las razones por las que vivió bien muchos años. Qué sentido tiene no dormir ¿Eso sí, desde que se levantaba estaba haciendo algo, así fuese un agujero en la pared; estar haciendo algo siempre, era lo suyo. Le encantaba arreglar aparatos viejos, cualquier tipo de aparato. Lo hacía para los demás para ayudar y ganar algo de dinero siempre encontraba la solución a cualquier problema aplicando una de las máximas de su vida: "ante la confusión, aplique el sentido común". Alguna vez le pregunte si no podía hacer algo de pereza como la mayoría de la gente, pero su respuesta fue: "siempre debo estar haciendo algo". Todos sus hijos seguimos su ejemplo, no nos podemos quedar quietos, unos más que otros.

Mi Padre vivió su vida a plenitud en medio de limitaciones, con la mitad de los recursos y oportunidades que las que tenemos ahora y se complicaba poco la vida, aunque debo reconocerlo, a veces se la complicaba a los demás.

Hoy, después de un año de su partida, escribo estas páginas, mi primer libro de hecho, en su memoria. Lo hago para honrarlo y para que quede algo escrito de la vida de mi padre desde mi limitada, muy limitada perspectiva.   Lo hago también para tener algo que me una con mis queridos hermanos Mauricio y Natalia, ya que los tres, en diferentes etapas de la vida, con diferentes puntos de vista, diferentes en casi todo, estamos unidos por esos padres que nos dio Dios.   Este libro es para ellos, desde el fondo de mi corazón.

Un día cualquiera, 7:00 AM   Calle 153 # 20-64 interior 1, Bogotá

"Papa, holaaaa ¡"

"Quibo, como esta, y Luisa ¿ Esta estrenando vestido ¿   No papa, es viejo, ya le había dicho varias veces, porque me pregunta otra vez ¡ Papa por favor bájele el volumen al radio que no oigo nada ¡ "

"Está muy elegante, va para la oficina en bicicleta? Si papa!"

"Están atracando mucho en la 19, tenga cuidado. Bueno papa, trato de pasar esta tarde y traigo pescado para que coman con mi mama este fin de semana. No peleen por favor".

"Hasta luego, hasta luego Papa"

Puedes llorar por que se ha ido,
o puedes sonreír por que ha vivido.

Puedes cerrar los ojos
Y rezar para que vuelva,
O puedes abrirlos y ver todo lo que ha dejado;
Tu corazón puede estar vacío
Por qué no lo puedes ver,
O puede estar lleno del amor
Que compartiste.

Puedes llorar, cerrar tu mente,
Sentir el vacío y dar la espalda,
O puedes hacer lo que a él le gustaría:
Sonreír, abrir los ojos, amar y seguir

(Poema escoces para despedir a un ser querido)